日々の花ごと

「ちょっと」からはじめる飾り方

MAMI FLOWER DESIGN SCHOOL

誠文堂新光社

花が好き。
もっと身近に花を感じていたい。
だからこそ、この本を手にとっていただいたのだと思います。
野に咲く花はそれだけでほんとうに「きれい」。
それにあなたがふれるとさらに新しい「きれい」が生まれます。
この本にはそのためのヒントがたくさんつまっています。
花はもちろん、葉にも、茎にも、毎日をワクワクさせてくれる
魅力がいっぱい。
花といっしょに毎日を豊かなものにしてみませんか。
思いきり遊んでみてください。
時を忘れて楽しんでみてください。
きっとあなたらしい「日々の花ごと」が見つかります。

花文化コメンテーター
川崎景介

CONTENTS

CHAPTER 1

006　心がふわりと潤う、日々の花ごと。

- 008　いつもの空間に、置くだけで
- 024　キッチン、水まわりに緑を
- 030　テーブルの花で、おもてなし
- 036　壁に、フックに引っ掛けて
- 042　遊び心で飾る
- 046　床に置いても映える
- 052　花束を、そのままに
- 054　イベントを楽しむ花アイデア！
  正月／バレンタイン／ひな祭り／イースター／母の日／父の日／ハロウィン／クリスマス／バースデー
- 070　花を扱うときの基本ごと
  花選びは、ここを見て／いける前にしたいこと／水の量のこと／花束のいろは／フローラルフォームの使い方／枝をいける前に／お教室に通ってみる
- 076　きれいに飾るためのコツ、いろいろ

CHAPTER 2

078　作るを楽しむ、花くばり。

- 080　小さな葉をたくさん丸める
- 082　厚みのある葉を重ねる
- 084　枯れ葉を重ねて茎を通す

- 086　小枝を束ねて詰めて
- 088　細長い葉を、巻いてみる
- 090　大きな葉を、折りたたむ
- 092　実ものを集めて
- 094　エアプランツに絡ませる
- 096　太い枝を器に置く
- 098　ツルを巻いてみる
- 100　野菜で挟んでみる
- 102　大きな葉に切り込みを入れて挟む

CHAPTER 3

104　植物標本。

- 106　色鮮やかな花
- 108　ハーブ
- 110　葉
- 112　カボチャいろいろ
- 114　実ものとツルもの
- 116　クリスマスに使う植物
- 118　正月に使う植物
- 120　球根の花
- 122　ドライフラワー
- 123　ドライの実もの
- 124　多肉植物いろいろ

127　著者プロフィール

CHAPTER

1

Flower ideas for everyday

ガーベラ…p.8
スカビオサ…p.10
ニリンソウ…p.10
クレマチス…p.11
カランコエ'グリーンアップル'…p.12
春の花いろいろ…p.13・22
ドライフラワー…p.14・41
ヤグルマギク…p.15
カラー…p.15
バラ…p.16・31
チューリップ…p.18・27・37
プロテア…p.19
多肉植物…p.20
フロックス…p.20

ダリア…p.21
クロッカス…p.23
野菜…p.24
アネモネ…p.26
ハーブ…p.27
マーガレット…p.28
カモミール…p.29
パンジー…p.30
アンスリウム…p.32
フリチラリア…p.34
アーティチョーク…p.34
サクラ…p.35
小さな葉…p.36
エアプランツ…p.37

ローダンセ…p.38
ビブルナム・スノーボール…p.40
ヒマワリ…p.42
パセリ…p.43
ラン…p.43
アジサイ…p.44
ミモザアカシア…p.45
コブシ…p.46
球根の花…p.48
サイネリア…p.49
バンダ…p.50
シャクヤク…p.51
ビオラ…p.52
クリスマスローズ…p.53

心がふわりと潤う、
日々の花ごと。

1本だけ、小瓶に挿してみる。
もらった花束をいけてみる。
机や棚に飾ったり、壁に掛けたり、床に置いたり、
いろいろな場所にいろいろな花をいけてみると
それだけで見慣れた景色が
ちょっとステキに思えてくるから不思議です。

ここではどんな空間にどんな花を飾るか
春夏秋冬さまざまなアイデアをご紹介。

簡単なものから
手の込んだものまでさまざま。
チャレンジしてみるもよし、眺めて楽しむもよし。
美しい花の世界へ。

いつもの空間に、
置くだけで

普段の暮らしのなかにさりげなく置いてあるだけで、
瑞々しい潤いをあたえてくれるのが花。
たとえば玄関に、テーブルに、
光きらめく窓際に、キャビネットの中に。
花がやさしい気持ちを運んでくれます。

玄関に花のある幸せ

口の細い器にトクサを挿して花を固定しているので、少ない本数でもすらりと美しい姿に決まる。個性的な器とガーベラのカラフルで楽しいデザイン。家に帰ってきてかわいい花が迎えてくれると、嫌なことも忘れそう！

Flower: ガーベラ、トクサ、アーティチョーク

好きな絵、好きな音楽と

細いリリオペの葉を丸めたボールを器の口に詰め、茎を固定。白い花のかわいいスカビオサ、くねくねと楽しいアリウム'スネークボール'の表情が際立つ。

Flower: アリウム'スネークボール'、スカビオサ、リリオペ

ジョウロに野の花

野に咲く花はあまり種類を交ぜないで、簡単に束ねるだけできれい。花壇などで自然に育った植物を少しプラスすると、さらに雰囲気がよくなる。雑貨的な器にいけることで気楽なムード。

Flower: ニリンソウ、クローバー、ゼラニウム

苔の器

ガラス瓶をコケで包んでオリジナルの器を作り、そこに花を合わせたデザイン。いくつか作って、お気に入りの雑貨といっしょに棚の中に並べるなど、飾り方も工夫してみるとより楽しい。

Flower: クレマチス、アジサイ、コケ

キッチュ&インパクト！

器の色から花を選んでも楽しい。個性ある植物の組み合わせを、ランの葉を重ねて固定。葉もデザインの一部に。

Flower: プロテア、カランコエ・グリーンアップル、シンビジウム、ランの葉
→ p.76-A

窓辺にきらめく、ガラス瓶と花

いろいろな用途で使われていた小瓶は、花をいけるのに役に立つ。瓶を並べて、それぞれに花を。簡単できれいに見える必殺技。

Flower: フリチラリア、チューリップ、ヤグルマギク、スイセン、リュウココリネ、シレネ、アストランティア・マヨール、キルタンサス、アリウム'スネークボール'

Flower ideas for everyday

時間を重ねた新たな表情

いきいきとした花は美しいけれど、時間の経過とともに新しい表情を見せ、変化していく姿も面白い。グラスに入れたり、棚にディスプレイするだけでも絵になる。

Flower: ラベンダー、ゲットウ、ナンキンハゼ、ブドウ、リンゴ、ナタマメ、カラスウリ、ハスの実

棚の中にも

限られたスペースでも、小さな器を使えば花を飾ることができる。庭にあるような枯れた枝も器に入れればステキなオブジェに。

Flower: ヤグルマギク、フリチラリア、ムシトリナデシコ、枯れ枝

シャビーなインテリア花

落ち着いた花色は、アンティークな家具の持つ落ち着いた雰囲気によく合う。動きのあるドライヤシが花を支えてキリリとした佇まい。錆びた器との相性もばっちり。

Flower: カラー、ドライヤシ

1種類でいけるなら

1種類の植物でいける場合は、同系色で揃えるとデザインがまとまる。咲き方が違うもの、いくつも小さな花が咲いているスプレー咲きのものなどを加えれば強弱が出てさらに印象的に。アクセントにツルバラを加えて。

Flower: バラ（5種）

咲ききった姿まで愛でる

春の日差しに向かって満開に咲いたチューリップは華やか！ 球根付きのものをそのままガラス器にいければ、美しさに加え生命力を感じる姿に。水は球根が浸る程度の少なめがベター。咲ききった花の表情まで、時間をかけて愛でてみて。

Flower: チューリップ（球根付き）

大きな花と小さな花で

ギザギザとした形の大きなプロテアに、ふわふわと小さなアキレアやフロックスの花を添えて。大きい花と小さい花を合わせる面白さ！ 同系色にすると統一感が出る。

Flower: プロテア、アキレア、フロックス、ラムズイヤー

部屋の片隅にちょこっと

日当たりのよい窓辺の、ほんの少しのスペース。そんな小さな場所にも多肉植物の寄せ植えを飾ってみるとやわらかな空気に。日々の植物の生長が楽しみな、育つグリーンインテリア。

Flower: 多肉植物

仕事の手を休めて

細い器の口に詰めた多肉植物が、花の固定とデザインの役割を果たす。花は放射状に広がるように挿し、動きのあるツルをアクセントに。デスクに花があれば仕事もはかどりそう。

Flower: 多肉植物、フロックス、クレマチスのツル

流木と組み合わせる

シックにシンプルに大胆に。個性的でボリュウムのある植物をモノトーンでさりげなくまとめる。プレートに流木を置くだけで、花たちが好きな位置に留まってくれる。

Flower: ダリア、フィロデンドロン・レッドダッチェス、エアプランツ、流木

空き瓶に小さな花束

小さな花束は飾る場所を選ばない。コップ、ジャムの瓶などを器にしてもOK。いろいろな小花を集めるとかわいく仕上がる。庭に咲いている植物を入れてもいい感じ！

Flower: ヤグルマギク、スカビオサ、ラナンキュラス、リュウココリネ、ワスレナグサ、フリチラリア、キルタンサス、シレネ、ゼラニウム、オレガノ、タイム、ローズマリー

球根ガーデン

プレートの上に球根付きの花と枝を並べて、ガーデン風にアレンジ。枝は球根を支えるように配置。球根の回りにコケを敷いてもかわいい。水は少なめにして球根が傷まないように。

Flower: ムスカリ、ヒアシンス、クロッカス、コケ、枝

キッチン、水まわりに緑を

無機質になりがちなキッチンや洗面台などの水まわりに
グリーンを置くことで、ゆとりとやさしい気持ちが生まれます。
お客さまをお迎えするためにも、自分の気分を上げるためにも！

キッチンは楽しい

いろいろな形のガラス器を棚に並べて食材もいっしょにディスプレイ。ワイングラスや小さなグラスを逆さまに置いて、その上にライムやズッキーニを乗せるとなんだかお茶目。さわやかなハーブもキッチンにぴったり。

Flower: ユーカリ、オレガノ、パセリ、ヘクソカズラ、ゼラニウム、ローズマリー、ミント、ナスタチウム、ヒューケラ、シクラメン、ズッキーニ、ライム、トマト、マッシュルーム、ペコロス、グリンピース

Flower ideas for everyday

料理の手を休めて、一息

ケールの葉を折りたたんで器に詰めたくばり。葉と葉の間に好きな花を選んで挿し込むだけで、キッチンの片隅で花たちのおしゃべりが聞こえてきそう。

Flower: オレガノ、キンセンカ、ムスカリ、アネモネ、アリウム'スネークボール'、フリチラリア
→p.76-B

キッチンにハーブの花束

たくさんの種類のハーブを束ねて、キッチンに飾る。ハーブはちょっとつまんで、お茶や料理にも利用できるスグレモノ。見て楽しい、使ってうれしいアイデア。

Flower: オレガノ、ゼラニウム、タイム、バジル、ラベンダー、ローズマリー、ミント、イチゴ

省スペースな一輪挿し

ドラセナの葉を数枚重ねたものを器に詰めて、その葉と葉の間にチューリップの茎を挿して立てる。一輪挿しはスペースを取らないので、洗面台など狭い場所にもぴったり。

Flower: チューリップ、ドラセナ・コンパクタ

洗面台にも花を

白い小さな器に、両端に縦に切り込みを入れたフトイを挟み込んで固定しフレームを作成。フトイの切り込みに挿し込んだマーガレットの可憐な姿が、まるで絵画のように印象的。

Flower: フトイ、マーガレット

白の世界のなかで

野に咲く動きのある花は、器にゆったりいけると"らしさ"が出る。白いカモミールの花を白のピッチャー、白の背景に合わせることで、花芯の黄色がよりビビッドに映える。

Flower: カモミール、マトリカリア、ゼラニウム

テーブルの花で、おもてなし

久しぶりに会う友だちを迎える日、
大切な人の大切な記念日、
季節を感じたい穏やかな1日——
とっておきのひとときには、
いつもと違ったとびきりの花を
テーブルに飾ってみるのもステキです。

大人のブラックコーディネート

ブラックの器を使い、花もシックな色のパンジーを選んで食卓に並べて。テーブルランナーもブラックカラーの大きな葉を使っている。ボタニカルなテーブルは、2人のとっておきの記念日に。

Flower: パンジー、ドラセナ'ブラックリーフ'、アンスリウム'ブロンズリーフ'、マメの花、オレガノ

香りも楽しむアフタヌーンティー
───
バラの枝を支えにして、マカロン色のバラをデザイン。香り豊かなバラたちといっしょに午後のティータイムを過ごして。

Flower: バラ、イタリアンベリー、リリオペ

ビタミンカラーのテーブルデザイン

細長い器に果物と野菜を並べて隙間に花をいける。果物や野菜は飾って楽しんだあとはいただきます、という一粒で二度オイシイデザイン。朝の光と果物や野菜のビタミンカラーで元気をチャージ。家族を元気に送り出したい朝、たまには一手間かけてみるのも楽しいもの。

Flower: ラン、アンスリウム、ゼラニウム、ミント、ロマネスコ、ドラセナ、アボカド、オレンジ キウイ、ブドウ、レモン

長い葉をナプキンに巻くことで、デザイン性がググッとアップ。葉の両端は、縦に切り込みを入れた小枝で挟んで固定している。

Flower ideas for everyday

器といけ方で個性的に

変わった形の器は、その特徴をいかして。ガラスの器は水の量、茎の見え方に気をつけることでより美しく見せられる。

Flower: フリチラリア、キルタンサス、ムシトリナデシコ、リュウココリネ、アリウム'スネークボール'、アストランティア・マヨール、センニンソウ

さわやかなグリーンの器

2枚のガラスの器の間にさわやかなグリーンの植物を挟んだ、目でも楽しむテーブル。フルーツを盛りつけて彩りを添えて。

Flower: オクラレウカ、ビブルナム・スノーボール、ルー、ニューサイラン、グロリオサ、カラテア、アーティチョーク

お花見ティータイム

広いテーブルに、伸びやかな枝ぶりをいかしてサクラをデザイン。長い枝も、石を重しにすることでしっかりと固定している。春の日差したっぷりのテーブルでのティータイムは、家にいながら季節を感じる粋なひととき。

Flower: クリスマスローズ、サクラ
→p.76-C

壁に、フックに引っ掛けて

花瓶に入れて置くだけが花の飾り方ではありません。
空間のなかで大きな面積を占める壁を利用できれば、
花飾りの幅がもっともっと広がります。

植物のタピストリー

小さなビニールの袋に葉や花を入れることで植物が長持ち。その袋を麻ひもにワイヤーやクリップで留めれば、旗のように長く横につなげた壁飾りの完成。一つひとつの植物の形をじっくり楽しんで。

Flower: ゼラニウム、ヘデラ、ローズマリー、ゲッケイジュほか

ガラス瓶に、シンプルに

エアプランツはアルミワイヤーを曲げ、絡めてハンギング。アルミワイヤーは扱いやすいのでもってこい。小さな瓶にはその日の気分で葉や花を加えてみて。

Flower: エアプランツ、ベゴニア
→p.76-D

花のモビール

枯れ枝とアルミワイヤーを利用したモビール。木皿に乗ったチューリップがゆらゆらと揺れるデザイン。日差しを受けて生長を観察するのも楽しみ。

Flower: チューリップ、コケ

ローダンセのスワッグ

壁面に飾るスワッグは、生花が徐々にドライになっていく様も美しく、長い期間インテリアとしても楽しめる。好きな花をまとめて、壁に掛けるだけというシンプルさ。花以外の植物を合わせるのも楽しい。

Flower: ローダンセ、ランの根、エアプランツ

透けるような白の花びらがチャーミングなローダンセは、オーストラリア生まれの花。元々花びらがカサカサしているのでドライ化しやすくスワッグに向いている。折れそうなほど細い茎も可憐。

キャンバスに描くように

絵画用のキャンバスに、やさしい色のリボンや糸を重ねて貼り付け、ベースを制作。模様になじむように木の板を接着し、その上に小瓶を並べて配置した。絵画のような花いけのアイデア。

Flower: フロックス、ビブルナム・スノーボール

ナチュラルドライのリース

リースベースに、ドライフラワーを接着剤で貼っていく。自然乾燥させた植物は茎や花びらに表情がついて、動きのあるデザインになる。やさしい色合いに枯れ枝を加えることでアクセントに。

Flower: ラナンキュラス、バラ、アジサイ、ラベンダー、ニゲラ、ディル、タンジー、ユーカリ、カラスウリのツル、サクラの枝、ストローリースベース

遊び心で飾る

花の飾り方は、発想次第で無限大。
こんな風に飾っても面白いかも！
そんなデザインを集めてみました。

花と石で、凛として

小さな器に石を詰めて花を固定。器も花もお好みで楽しんで。石を縦に重ねて入れると花がまっすぐに立ちやすい。

Flower: クロユリ、ヒメユリ、ヒマワリ、クレマチス、フロックス

きらめく水中花

大小の器に花を入れ、それを重ねたデザイン。小さい器にはランの花を、大きい器にはジャスミナムを絡めるように入れて。水中の花がミステリアス。

Flower: ラン、ジャスミナム
→p.77-G

パセリと花の二重奏

料理前のパセリを花といっしょに飾ってみて。器の形をリピートしたパセリの形がポイント。花を支える役う果たしている。

Flower: パセリ、ラナンキュラス、アリウム'スネークボール'、レースフラワー

いろいろ並べてみる

ローテーブルに並べた器にいろいろなグリーンを入れたデザイン。グリーンだけでも質感や色の違いを楽しめる。

Flower: アジサイ、ラン、セッカヤナギ、バンクシア、キングプロテア、アンスリウム、リュウカデンドロン、ドラセナほか

壁に飾る春

春の花を集めた、存在感ある大きなスワッグ。太い枝を中心に束ねている。ドライになっていく過程や、ユーカリやミモザの変化する香りも楽しんで。

Flower: ユーカリ、ミモザアカシア、ローズマリー、シロタエギク、リュウカデンドロン、ハツユキカズラ、ナンキンハゼ、木の繊維、枯れ枝

床に置いても映える

大きないけ込みや上から見下ろすデザインの花は、
床に置くととても見映えがします。
エントランスや大きな空間に大胆に。
見え方や背景を考えると
効果的ないけ方が可能です。

空間をいかす、潔い枝

大きな壁面の前に季節の枝ものを飾ると、その凛とした姿が空気を作り空間がきれいに見える。ひとつではなく、一対のデザインになっているのがポイント。枝だけではなく、ヤツデの実でボリュームを加えた。枝を固定するために器の口に石を挟んでいる。

lower: コブシ、ヤツデ

春を迎える

手作りのシャベルポットに春の球根を植え込んだ、ガーデニングアイデア。

Flower: スイセン、ムスカリ、ヒアシンス、スノードロップ

浮き花

短く切ってしまった花や少し茎が元気のなくなった花を、水を張ったガラスの器に浮かべるだけ。瑞々しい葉ものを中央に入れてラインを作り色を分けている。

Flower: ヤグルマギク、サイネリア、ゼラニウム、シロタエギク、クローバー、アップルミント、ヒューケラ、ジャスミナム、ナスタチウム

踊り場に南国!

階段の踊り場などへのディスプレイ的な飾り方。南国の植物で統一したデザインは、シンプルながらインパクトがあり目を奪われる。縦長にいけることで導線を邪魔しないよう意識している。

Flower: ティーリーフ、バンダ、ヤシ

花の高さを揃えて存在感アップ

大輪のシャクヤクは色、形、香り、すべてにおいて極上の華やかさ。器の中に詰めたシダレヤナギで花を支え、茎が見えるように葉を取り除くことで花の色、葉の緑がより鮮明に。

Flower: シャクヤク、シダレヤナギ

花束を、そのままに

花屋さんが組んでくれる花束は、
まずはそのまま器にいけるのがおすすめです。
花々が組み合わさったハーモニーは
花束ならではの美しさ。シンプルに、そのまま。
花に元気がなくなってきたらほどいて
小さな器にいけかえます。

ガラスの器に、シンプルに

パンジーを主役にした春の花束。小さな花束は少ない種類で束ねると作りやすい。何気ないガラスの器に入れるだけでとってもステキ。ゼラニウムがいい香り！

Flower: パンジー、リュウココリネ、マメの花、シロタエギク、ゼラニウム

春の花を集めた花束

白とグリーンの花々を集め、ポイントでワスレナグサのブルーをあしらった。束ねるときには、うつむきがちなクリスマスローズに気を配って。ガラスの器にいけて茎の美しさも見せる。

Flower: クリスマスローズ、チューリップ、フリチラリア、スカビオサ、ローズマリー、ゼラニウム、ミント、ワスレナグサ、ミモザアカシアほか

SEASONAL FLOWER IDEAS

イベントを楽しむ花アイデア！

一年を通してさまざまな花が咲き、
その姿を見たり、香りから季節の移ろいを感じます。
とくに年中行事と花は密接な関係にあり、
その時季の花を飾ることでより特別感が高まります。

［1月］

枝で作る、正月のあしらい

絵柄の小皿に、お正月を楽しむ花たちをデザイン。その小皿の花あしらいを大きな朱色の器に集めて、さらに赤い大きなグラスの上に乗せた。器に器を重ねると、また違った雰囲気になり楽しい。

Flower: タケ、マツ、ハボタン、ウメ、ナノハナ、ボケ、ダイダイ

p.55の作品を上から見た様子。和柄の小皿のフチに縦に切り込みを入れた小枝を挟み、小枝には同時に花も挟むことで固定している。春を迎える花々を少しずつあしらっても、スタイリング次第で華やかに。

JANUARY

[1月]
スタイリッシュお飾り

新年に向けて、手づくりのお飾りを作るのも楽しい作業。お正月の植物に水引を加えるとあっという間におめでたいムードに変身。フラワーデザインのお教室に通って技術を身に着けたら、こんな上級編の作品制作も夢じゃない!?

Flower: マツ、ウラジロ、イイギリ、ダイダイ

Flower ideas for everyday

FEBRUARY

VALENTINE'S DAY

[2月]
想いを込めた
バラのバレンタイン

極上のチョコレートを、とびきりのコーディネートで。じゃばらに折った紙の上に皿を乗せることでより華やかなテーブルマットの装いに。紙は強度と張りがあるものがおすすめ。

Flower: バラ、マメの花、ゼラニウム、ワイヤープランツ
→p.77-E

Flower ideas for everyday

MARCH

GIRL'S FESTIVAL

［3月］

おひな様みたいな、小さな花のカクテル

ガラスの器にハランの大きな葉を巻いて、そこに雄びなと雌びなをイメージした花を入れた。ハランが着物のように見えるよう巻き方を工夫して。ふわりと飛び出したタイムとマメの花のラインがキュート。

Flower: チューリップ、ヒアシンス、パンジー、ナノハナ、ゼラニウム、タイム、バラ、リュウココリネ、マメの花、ハラン

APRIL

EASTER

[4月]

ハッピーイースター!

鳥の巣のように枯れ枝や枯れ葉を使用して、より自然に仕上げたアレンジメント。イースターエッグを思わせるコロンとした丸いフォルムも愛らしい。玄関や棚など上から見下ろす場所に置くと映える。

Flower: ミモザアカシア、ラナンキュラス、チューリップ、ゼラニウム、ドライの麦、ヒュウガミズキ、枯れ枝、枯れ葉

MAY

MOTHER'S DAY

［5月］

母の日に贈りたい、葉っぱで包んだ花束

花束の茎を大きなケールの葉で包んだアイデアラッピングは、ここぞというスペシャルなひとときにこそ贈りたい花束。母の日に贈るプレゼント、ありがとうのメッセージとともに感謝を包み込んで。

Flower: バラ、ゼラニウム、カーネーション、ケール
→p.77-F

JUNE

FATHER'S DAY

[6月]
育てる楽しみを贈る父の日ギフト

クラッチ風に仕立てた器に多肉植物を寄せ植えた父の日のギフトは、ミニスコップも添えて育てる楽しみも贈りたい。長く楽しめるものだけにサイズは小さめにしておくと、置く場所を選ばず飾りやすい。

Flower: 多肉植物、ヒュウガミズキ

ANYTIME

BIRTHDAY

[いつでも]

花にかこまれたバースデープレゼント！

アレンジメントの中にギフトを添えて、誕生日にプレゼント。贅沢な花のラッピングは「おめでとう」の気持ちを伝えるのにもってこいの美しさ。女性へのプレゼントにもぴったり！

Flower: バラ、ラナンキュラス、クリスマスローズ・フェチダス、キャンディタフト、マメの花、ミント、パンジー、ゼラニウム、ナズナ、ハラン
→p.77-H

OCTOBER

HALLOWEEN

[10月]
子どもが主役のハロウィンパーティー

中身をくり抜いたカボチャは花の器にもお菓子のお皿としても活躍。花を飾る場合は中にフローラルフォームを入れてデザイン。カボチャからあふれるように賑やかに！

Flower: オモチャカボチャ、カラスウリ、スズメウリ、コーン、タイサンボク、マトリカリア、バラ、ヒペリカム、ヒューケラ

DECEMBER

[12月]

ミニクリスマスツリーとクリスマスカード

植物のガーランドを添えた赤のフェルトをアクセントに、小さなツリーと手作りのクリスマスカードをスタイリング。ツリーは、細い枝にヒムロスギの葉をグルグルとワイヤーで巻き付けて作った。クリスマスが待ち遠しい、そんなミニコーナー。

Flower: ヒムロスギ、ユーカリ、シナモン、実もの

CHRISTMAS

[12月]

クリスマスのテーブルデザイン

ワイヤーメッシュにヒムロスギを編み込んでランナーを制作し、水を張った細長い器の上に置いて花を挿している。リンゴや枝、実ものなどを加えてナチュラルなクリスマスの装いに。暮れゆくクリスマスの夕べを、ほのかなキャンドルの光とシックな花が盛り上げる。

Flower: バラ、ポインセチア、ユーカリ、ヒムロスギ、ヒペリカム、ヒメリンゴ、ドラセナ

[12月]

スクエアリース

枝のナチュラルさとゴールドの華やかさを、四角いリースに。赤い実がクリスマスらしさを演出してくれる。筒状にしたワイヤーメッシュに実ものを入れて四角形に曲げ、枝を挟んだり接着して完成。

Flower: ニシキギ、ウンリュウヤナギ、ヒュウガミズキ、ヒムロスギ、サルトリイバラ、ヒメリンゴ、ゲットウ、マツカサ、シナモンほか

DECEMBER

［12月］
クリスマスを迎えるグリーンリース

フレッシュとドライの素材にワイルドフラワーを加えた大きなリース。冬でも枯れないエバーグリーンをたっぷり集めたリースで、木の実のリースを包み込むようにジョイントしている。香りも楽しんで。

Flower: モミ、ヒムロスギ、ヒノキ、ヒバ、ユーカリ、フェイジョア、ヤドリギ、シルバーブルニア、ウツボカズラ、ヤマノイモ、枯れ枝

FLOWER ARRANGEMENT BASICS
花を扱うときの基本ごと

1

花選びは、ここを見て。

花びらに傷がなくきれいなこと以外に、重要なのは葉の美しさ。葉がしっかりといきいきしていているかどうかもとても大切で、葉がしおれていたら、その花全体に元気がないということの目安になります。写真のシャクヤクは葉がしっかりと美しく、花も咲く一歩手前でこれから長く楽しめそう。花屋さんで花を買うときには葉の状態もちょっと気にしてみてください。

2

いける前にしたいこと。

花を買ったり、庭で摘んだらまずしたいこと。それは「切り戻し」という茎をハサミで切る作業。さらにボウルやバケツに水をたっぷりと入れて、その水の中で茎を切ることを「水切り」といい、これを行うことで花がより長くきれいな姿を保ってくれます。花瓶に入れたときに水に浸かってしまう葉は、この段階で取り除いておくこと。葉が水に長く浸かったままだと腐ってしまい、そこから花が弱ってしまう原因になりかねないため。このひと手間が大切です。

3

水の量のこと。

花をいけるには水が必須。けれども、ただたくさんあればいいというものでもなくて、花によって必要な水の量は違います。たとえばガーベラ(写真左)や球根系の花のように水分を多く含んだ茎の軟らかいものは、水少なめがベター。あまり水が多いと茎が腐りやすくなってしまうから。一般的な花は、写真中央のバラのようにたっぷり水を入れてもOK。ビブルナム(写真右)やアジサイのように水おちしやすい花は、なるべく多く水をあげるのがオススメです。

4

花束のいろは。

きれいな花を集めた花束は、華やかで魅力的。束ねている時間も楽しいひとときです。ここでは簡単な束ね方をご紹介。

1	2
3	4

1. 花束の主役にしたい花を1本持つ。大きく、茎のまっすぐなものが◯。
2. 主役の花に別の花を添えていく。手に持つ箇所より下の葉はすべて取り除く。
3. 花と花の間にフンワリした花やグリーンを入れるときれいにまとまりやすい。
4. 最後に花束の回りに葉を添えれば、ボリュームアップと花の保護にもなる。

5

フローラルフォームの使い方。

アレンジメントを作るときの土台になるスポンジ「フローラルフォーム」は、あれば便利なアイテム。園芸の資材店などで購入できます。水を含ませて使いますが、その際は水を張ったボウルにそっとフォームを浮かべて自然に沈むまで待つこと。無理矢理沈めるときちんと吸水しないのでNGです。

6

枝をいける前に。

いけるだけで様になる枝ものは、長持ちすることも大きなメリット。そんな枝ものをより長く楽しむには、切り口を斜めにカットして吸水面積を大きくしてあげることがポイントです。太い枝ならさらに写真のように、縦に数cm切り込みを入れて割ってあげると、より水の吸い上げがよくなります。

7

お教室に通ってみる。

きれいな姿を愛でることに加えて、花を選び、花に触れることも花をいけることの大きな楽しみ。それを最大に味わうならお教室に通ってみるというのも選択肢のひとつです。暮らしのなかに花に触れるサイクルが生まれると、思っているよりずっと満たされることに気づきます。お教室に通えば花の扱いの基本をマスターできるだけでなく、よりアーティスティックな飾り方も可能に。花束やアレンジメントを作ってプレゼントできるようになるのも喜びです。

FLOWER ARRANGEMENT TIPS
きれいに飾るためのコツ、いろいろ
少しの工夫でシンプルでもより美しくなる、そんないけ方のコツをご紹介！

A. 器の形や色に合わせて花を選ぶと、まとまった印象に見える。ランの葉など肉厚な葉ものを重ねて器の口に詰めることで、花がきっちりと留まる。
→作例：p.12

C. 大きな枝ものを飾る場合は安定感が大切。器の形状をいかし、器の底面とフチ（内側）で枝を折りだめして枝を石で押さえて固定。石の重さも重要。
→作例：p.35

B. ケールの葉を器の幅に折りたたみ、同じ高さになるように詰める。花は葉と葉の間に挿しこむだけ。茎の細いものは指ですき間を作ると挿しやすい。
→作例：p.26

D. 小さなガラス瓶のネックにアルミワイヤーを巻いてひねる。花や葉は短くてOK。水を足したり代えることで、花が長持ちする。
→作例：p.37

E. プレート上にフローラルフォームを置き、その側面に花を挿してデザイン（写真の状態）。その上にもう1枚プレートを重ねる。
→作例：p.58

F. 花束のハンドルは保水処理をして長い葉で包む。プレゼントした後そのまま花瓶などに入れても楽しめるラッピング。
→作例：p.62

G. ガラスの器を大小2つ用意。小さな器にランの花を、大きな器にツルを入れる。小さな器を大きな器の中に入れて、ギリギリまで水を注いで完成。
→作例：p.43

H. フローラルフォームをギフトの大きさにくり抜き葉を敷いて、その部分にギフトを入れる。ギフトは水に濡れないよう下部をセロファンなどで保護。
→作例：p.64

CHAPTER 2

Enjoy making a Hanakubari

小さな葉をたくさん丸める …p.80
厚みのある葉を重ねる …p.82
枯れ葉を重ねて茎を通す …p.84
小枝を束ねて詰めて …p.86
細長い葉を、巻いてみる …p.88
大きな葉を、折りたたむ …p.90
実ものを集めて …p.92
エアプランツに絡ませる …p.94
太い枝を器に置く …p.96
ツルを巻いてみる …p.98
野菜で挟んでみる …p.100
大きな葉に切り込みを入れて挟む …p.102

作るを楽しむ、
花くばり。

葉や枝は花よりも丈夫で長持ち。
花束をもらったときに、花は散ってしまっても
葉や枝はまだまだいきいき！
といったこともあります。

そんな葉をくるくる巻いて、枝を集めて、
枯れ葉を重ねて──
自然の素材を使って花の居場所を作り、
花をいけることを「花くばり」と呼びます。

「花くばり」の魅力は
完成したアーティスティックなビジュアルに加えて、
葉や枝を手にして作っていく癒しのひととき。

鉢植えや庭の剪定した葉や枝、
公園や道ばたを散歩していて見つけたものを
再利用して楽しむことだってできちゃいます。

— Technique 1 —

小さな葉をたくさん丸める

街路樹などにも多い小さな葉は、丸めてたくさん集めれば花を挿す剣山の役割をしてくれます。葉の上で花が軽やかに居心地よさそう。

Botanical data

レモンリーフ 【Lemon leaf】

ツツジ科、北アメリカ原産の常緑低木。葉の形がレモンの形と似ていることからこの名前がつけられました。丈夫で長持ちし、一年中入手できます。葉の先がとがっていてやや硬く張りがあり、長さは5〜10cmほど。スズランのような白く小さな花が咲きます。

Real size: 約8cm

1	2	3

4	5	6

1. レモンリーフを1枚ずつ丸める。
2. 丸めた葉の中央に細タケを刺し通していく。
3. 器の大きさに合わせ、ある程度の長さにする。
4. 3のパーツを数個作って丸める。
5. 細タケの先を差し込んで留め、器に入れる。
6. 花は葉と葉の隙間に入れる。

[完成！]

葉と葉の間、好きなところに花を挿せるので思い通りのデザインが実現できて楽しい！ フローラルフォームなどと違って何度も抜き挿しできるのもメリット。線のやさしい花が似合います。

» いけている花
ニゲラ、ナズナ

» ほかにもこんな植物で代用可能
ツバキ、ナツヅタ、オカメヅタ

Enjoy making a Hanakubari　81

— Technique 2 —

厚みのある葉を重ねる

植物の葉もよく見てみると色、形だけでなく厚さや質感までもそれぞれに個性的。
ここでは肉厚でマットな質感のランの葉でデザインを。

Real size：約12cm

> **Botanical data**
>
> ## ランの葉 【 Leaf of Orchid 】
>
> 世界には700属15,000種があるともいわれているほど多様。ウエディングやアレンジメントの花として切り花を使用しますが、贈答用の鉢ものも多く出回っています。葉は丈夫で肉厚なものも多く形もさまざま。年中緑で形や照りも美しく、くばりの素材として注目度大。

1. 葉を上下にずらしながら重ねる。
2. 葉の間にすき間ができるよう表と裏を交互にするとよい。
3. 器に合わせて2の重ねた葉を入れる。
4. 横から見ると花の茎が挿しやすくなっているのがわかる。

[完成!]

華やかで美しいラン。普段は花に眼を奪われがちですが、その葉が肉厚でとてもかわいいんです。キュキュッとした質感をいかして重ねて花を固定すれば、絶妙な角度で花をいけられます。

» いけている花
ダリア、アンスリウム、スチールグラス

» ほかにもこんな植物で代用可能
タイサンボク、ビブ

— Technique 3 —

枯れ葉を重ねて茎を通す

枯れた葉だって、使い方次第では立派なデザイン要素に大変身。
並べて重ねて茎を刺し通すだけで、凛とした花の美しさが際立ちます。

Botanical data

枯れ葉 【Dry leaves】

秋風が吹き始めると落葉が舗道を彩ります。赤や黄色、形もいろいろ。押し葉にして楽しむこともできますが、自然のままの姿にも魅力がいっぱい。丸まった様子や葉柄の向きも個性的です。デザインにいかし、生花と組み合わせてみるとステキ。ドライなので脆いので扱いには注意。

Real size:10〜15cm

1. さまざまな種類の枯れ葉を準備。
2. 葉柄の動きも楽しいので器の上に重ねてみるといい。
3. 花の茎の先端を斜めにカットして、2の葉を突き通していく。
4. 花の茎が器に入るよう枯れ葉をギュッと重ねる。

[完成!]

アンティークな色合い、くるっと巻いたやわらかなフォルム……花だけでなく葉も、ドライになると生のときとは違うステキな表情を見せてくれます。秋、道に落ちている枯れ葉を集めて季節を感じる花いけに。

» **いけている花**
キク、エノコログサ

» **ほかにもこんな植物で代用可能**
ビワ、プラタナス、ホオ、カシワ

— Technique 4 —

小枝を束ねて詰めて

庭の剪定した枝や、葉が落ちたあとの枝などを再利用するアイデア。
同じ長さに切って密に束ねることで花の居場所に。

Botanical data

ヒュウガミズキ 【 Buttercup winter hazel 】

和名は「日向水木」。庭木や公園樹として用いられることの多い、高さ2〜3mほどの落葉低木です。細い枝がたくさん分岐していて、そのしなやかな枝をいかして編み込むことも可能。くばりの素材としても多用されます。3月下旬ごろに小さな淡い黄色の花を咲かせます。

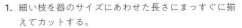

1. 細い枝を器のサイズにあわせた長さにまっすぐに揃えてカットする。
2. 器に入れながら本数を調整する。
3. ひもでしっかり結ぶ。

[完成！]

器にぴったりハマるように詰めて束ねた小枝から、スラリと緑の茎が伸びる姿が印象的。きりりとした空間にこそ飾りたい潔さを小枝が演出しています。和テイストの空間や家具との相性抜群。

» いけている花
スカビオサ、チョコレートコスモス、ムベ

» ほかにもこんな植物で代用可能
サンゴミズキ サクラなど（細い枝なら何でも）

— Technique 5 —

細長い葉を、巻いてみる

細長い葉はとってもスタイリッシュ。けれども大きな器がないといけられない……と敬遠されがちですが、くるくる巻くだけ！

Real size: 40~60cm

Botanical data

オクラレウカ 【Iris ochroleuca】

アヤメの仲間で日本ではおもに沖縄で栽培されています。葉が切り花として流通していて1年を通して入手可能。剣のように尖った葉が特徴で、数枚が1株になっています。ラインを強調する花材としても有効ですが、切る、折る、束ねるなどしてくばりにできます。

1. オクラレウカの葉を株からはずし、1枚ずつ巻く。中心部分は根元の硬い部分から使うとよい。
2. 器にぴったり収まるように巻く。葉は途中で何枚か継ぎ足してもOK。その時、外れないように竹串や爪楊枝などを挿して固定すると安心。
3. 巻いた葉を器に入れる。
4. 花を葉の間に挿す。花の茎が水に浸かるように気をつけて。

［完成！］

本数が少ない花もデザイン性高く見せることができるワザ。花瓶にいけるのとは違って茎までしっかり見えるので、とくに茎が繊細な花はやわらかなそのラインを眺めているだけでもうっとり。

» いけている花
リュウココリネ、バイモ、トリフォリウム'ユメホタル'

» ほかにもこんな植物で代用可能
シャガ、ニューサイラン

— Technique 6 —

大きな葉を、折りたたむ

花束をもらうと、たまに潜んでいる大きな葉。
その大きさにびっくりすることもあったりして。

Real size: 40〜80cm

Botanical data

ティーリーフ 【Ti Tree】

ハワイでは邪悪な霊を払うとされている植物。2〜3mの高さになり、葉は長く幅広。殺菌効果があるので食べものを包んだり、フラのスカートやレイにしたりと生活に欠かせないといいます。柔らかさをいかして折りたたむ、重ねるなどするとくばりの植物として使いやすいです。和名を「千年木」とも。

1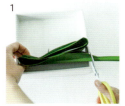
2

3
4
5

1. 葉を縦に半分にして、器の内側のサイズに収まるように折りたたみ、余分な茎を切る。
2. 茎の太い部分は先にハサミで少し切れ目を入れておくと、折りやすい。
3. 葉を折った様子。できれば竹串や爪楊枝で葉を縫い留めておくとバラバラにならず安心。
4. 3のパーツを数個作り、器にはめ込んで立てる。パーツ同士を竹串を割ったものなどで留めるとより安定する。
5. 花を葉の間に挿し入れる。

[完成！]

色とりどりの花たちが行儀よく並ぶ姿がかわいらしい。全部をまっすぐでなくあえて横向きにいけたりすることで、普段気づかなかったその花の魅力を見つけられてちょっと幸せ気分。

» いけている花
ナノハナ、キンセンサス、フリチラリア、クリスマスローズ、スカビオサ、ムスカリ、イキシャ、ゼラニウム

» ほかにもこんな植物で代用可能
ハラン、バショウ、ドラセナ ブラックリーフ、ドラセナ

— Technique 7 —

実ものを集めて

それだけで飾っても十分絵になる実ものを、花留めとして使う手法です。
弾力性のあるヤナギの枝を先に入れておけばより安定感が。

Botanical data

(左) イイギリ 【ligiri tree】

庭木や公園樹として多い木。20cm超のハート形の葉が、昔は食器代わりに飯を包むのに使われていたので「飯桐」と名付けられたようです。

(右) ウンリュウヤナギ 【Dragon's claw willow】

「雲竜柳」は中国原産。樹高が15mにも及び、くねくね曲がった竜のような枝が特徴。枝が細く柔軟性があるので結ぶ、編むなども可。

Real size: 約70cm

Real size: 約9cm

1. ウンリュウヤナギの脇枝をリース状に丸める。
2. 器の口に合わせて1を入れる。
3. 脇枝を絡ませて、器の口全体に広がるようにする。
4. 3のベースに実ものを入れて、実の部分も絡ませる。

[完成！]

こぼれ落ちるようなイイギリの赤い実とスイセンの清らかさが、新しく訪れる年を祝うデザイン。背筋がピンと伸びるような組み合わせです。ほかの実や花にかえればまた違った雰囲気で楽しめます。

» いけている花
スイセン、ウンリュウヤナギ

» ほかにもこんな植物で代用可能
シダレヤナギ、ムベ、ビブルナム・ティナス、サルトリイバラ、ノイバラ、バラの実

— Technique 8 —

エアプランツに絡ませる

いまやインテリアとして定着したエアプランツに花を絡めてアシストに。
置くだけなので簡単。アーティスティックな美しさです。

Botanical data

エアプランツ　【 Air plants 】

空中の水分を葉や茎から吸収して、土や水がなくても生育できる植物。原産地は北アメリカ南部から南アメリカと幅広く、600以上の種類が確認されています。魅力は手軽さとインテリア性。写真のものはチランジア・キセログラフィカといい、大きな姿が迫力満点。

Real size: 約13cm

1. 高さを出すために、エアプランツをブロックの上に置く。きれいに見える角度と安定感に注意する。
2. 花は茎をエアプランツの葉の隙間をくぐらせるように通して入れる。しなやかな茎の花が挿しやすい。

[完成!]

コンクリートの淡いグレーとエアプランツのグレイッシュなグリーンがリンクして、ひとつのオブジェのような一体感。無骨さと花のやわらかさのコントラストは、インダストリアルなインテリアにも映えそう。

» いけている花
フリチラリア

» ほかにもこんな植物で代用可能
葉にカールのある多肉植物や、葉と葉の間に挟めるようなものであれば可

— Technique 9 —

太い枝を器に置く

太い枝に花の頭を乗せていけるだけ。
シンプルなのに仕上がりはアーティスティック！　モダンな空間にも映えます。

Botanical data

コブシ【Kobushi magnolia】

漢字で書くと「辛夷」。早春にいち早く白い花を咲かせる樹木です。果実が不規則なこぶ状になるのが名前の由来。昔は花が咲くころに農作業を始めたとされ、別名「田打ち桜」「種まき桜」とも呼ばれるとか。同じモクレン科のハクモクレンよりも花はやや小ぶりで素朴な雰囲気です。

Real size: Φ約2cm、長さ約30cm（切り取ったサイズ）

1. 太い枝を器にのせる。
   脇枝の部分を長めに残して器にひっかけると、枝が安定する。
2. 枝の上に花首をのせるように置く。花の足元はまっすぐに、一点に集めるようにするときれい。石を置いて茎を集めるとより安定する。

[完成!]

まるで枝を枕にして、花たちがゆったりと横たわっているような姿。器選びによって和にも洋にも。庭の剪定枝などを無駄にしないエコなアイデア。間から飛び出すツルの動きもステキです。

» **いけている花**
パンジー、クレマチス、オダマキ、キャンディタフト、ツルバキア、ルピア・ホロミナム、フロックス、ムシトリーデシニ、ギリア、ゼラニウム

» **ほかにもこんな植物で代用可能**
サクラ、ツバニ、ドウダンツツジ、トサミズキ

Enjoy making a Hanakubari

— Technique 10 —

ツルを巻いてみる

くるくるとした姿とやわらかさが特徴的な"ツルもの"は、その性質を生かして絡めて使うのもオススメ。花の挿し方で個性を出してみて。

Real size: 約50cm (切り取ったサイズ)

Botanical data

ムベ 【 Japanese staunton vine 】

つるが15mにもなる常緑のつる性低木。春に白い花を、秋に鶏卵より少し大きい赤紫の実をつけ、食すと長生きするという故事から不老不死の実であるとか、葉が3-5-7と奇数で増えることからも縁起がよいともされています。実は熟しても裂けないのでデザインとしても活用可能。

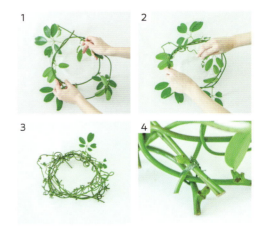

1. ムベのツルをリース状に絡げて、ベースを作る。
2. ベースのツルに絡ませながら葉を間引く。
3. アクセントになる葉を残してリース状に仕上げる。
4. いけた花がきちんと水がもらえるように工夫する。

[完成！]

ムベの丈夫でしなやかなツルを巻いて絡めて。それだけでもかわいいけれど、水を張った器に置いて花をいけるアシストにすればさらにフォトジェニック！ 夏に涼を運んでくれそうなさわやかさ。

» いけている花
ジニア、マリーゴールド、ゼラニウム

» ほかにもこんな植物で代用可能
クズ、マダガスカルジャスミン、ノブドウなど

— Technique 11 —

野菜で挟んでみる

野菜も花も同じ植物。いけたときの相性はばっちりです。
ヘタのつながったプチトマトをたっぷり乗せて、その間に花をデザイン。

Botanical data

トマト 【Tomato】

原産は南アメリカのアンデス高地。カボチャやニンジンと同じ緑黄色野菜の一種で、赤をはじめ桃色系、黒、緑、オレンジ、白、黄など色も豊富です。見た目が楽しい品種も多く、枝付きや房どりのトマトも出回っているのでくばりとして便利。花にはない色や形状をいかして。

Real size: Φ約2.5cm

1. 枝つきのプチトマトを器のフチに引っかけるように置く。
2. トマトの間に花を挿し、別のトマトを乗せて茎を固定する。

[完成！]

プチトマトの赤や黄色の小さく丸い姿はそれだけでも愛らしくて、ヘタの形や艶やかさなど見れば見るほどキュート。まるでプチトマトから花が咲いたような不思議アート！

» いけている花
グロリオサ、ローズマリー

» ほかにもこんな植物で代用可能
ブドウ、エダマメ、モンキーバナナ

Enjoy making a Hanakubari

— Technique 12 —

大きな葉に切り込みを入れて挟む

タニワタリのように、大きくて硬い葉を利用したデザインです。
強度があるので花を支えることもお手のもの。

Real size:50〜60cm

Botanical data

タニワタリ 【Bird's nest fern】

世界に約700種があり、主に熱帯に分布している大きくつややかな葉が特徴的。日本に自生するのはオオタニワタリとシマオオタニワタリの2種で、それぞれ葉裏の胞子嚢群の付き方で区別します。細長い広線形の葉をいかしたり、硬い主脈を切り取った葉を丸めて使うこともできます。

1

2

3

1. タニワタリの葉を2枚重ねあわせて器の中に入れ、正面になる葉に切り込みを入れる。
2. 枝に割を入れて葉2枚を挟んで留める。
3. 2枚の葉の間に花の茎を通し、1の切り込みから花首を出して固定する。

[完成！]

切り込みを入れた小窓から、花が顔を出す様がお茶目。
葉の緑を背景にすることで花の色も際立ちます。少な
い花材でもインパクトは強力！　葉の大きさと強さを
うまく使うことで生まれたデザイン。

» いけている花
ヒマワリ、ニュウガミズキ

» ほかにもこんな植物で代用可能
バショウ、ニューサイラン、タケ、サクラなど

CHAPTER
3

A herbarium

色鮮やかな花 … p.106
ハーブ … p.108
葉 … p.110
カボチャいろいろ … p.112
実ものとツルもの … p.114
クリスマスに使う植物 … p.116
正月に使う植物 … p.118
球根の花 … p.120
ドライフラワー … p.122
ドライの実もの … p.123
多肉植物いろいろ … p.124

植物標本。

花、葉、枝、実などなど
植物の種類は数えればきりがありません。
しかも植物は生きもの。
同じ種類でもそれぞれ表情が違って
それがまたチャーミングだったりもします。

さらには四季。
季節によって花屋さんで出会う植物は多種多様。
春は透明感あるパステルカラーな花たちが、
夏は青々とした緑が、
秋は色づいた葉や実ものが、
冬にはクリスマスやお正月など行事に使う植物たちが
店を賑わせていて
それを見るだけでもうっとりものです。

ここではそんな魅力的な植物たちを
ちょっとだけピックアップ。
その多様さ、美しさを
ビジュアルから感じていただけたら
うれしいです。

【 Brilliant flowers 】
色鮮やかな花

赤に黄色、ピンク、オレンジ……鮮やかな色合いは花の持つ大きな魅力。カラフルで美しい花々はまさに主役級の存在感。

【 Herbs 】
ハーブ

小さな花飾りの相棒として抜群のかわいさをもたらしてくれるハーブは、香りもよくリラックス効果満点！ 鉢植えも楽しい。

【 Leaves 】
葉

いきいきとした緑は心地よく元気をくれる存在。花にあわせればナチュラル感も演出できる万能選手は、色、形、大きさもさまざま。

【 Pumpkins 】
カボチャいろいろ

ハロウィンに向けて、10月になると花屋さんの店頭にさまざまなカボチャが登場。ただ置くだけでも雰囲気抜群！

【 Fruits & Vine plants 】
実ものとツルもの

ぷっくりぽってりかわいらしい実ものや、流れるようなラインが魅力的なツルものたちは、花飾りのアクセントに大活躍。

【Christmas】
クリスマスに使う植物

ツリーやリースでおなじみの針葉樹はもちろん、赤い実ものもクリスマスらしい。ドライにしやすいものもあり長く楽しめるのも吉。

【 New year 】
正月に使う植物

年越しや新年を彩る植物は「難を転じる」といわれる「ナンテン」や、仏の手の形に見立てた「ブッシュカン」など縁起ものが集う。

A Herbarium

【 Bulbs 】
球根の花

正月を過ぎたころ、花屋さんに並びはじめる
球根つきの花を見ると、春の訪れを感じる。
香りがよく長持ちなのもうれしい。

スイセン'テタテタ'

スノードロップ

スイセン
'ペーパーホワイト'

ムスカリ・
ラティフォリウム

ムスカリ
'ホワイトマジック'

ムスカリ
'ブルーマジック'

【Dried flowers】
ドライフラワー

軽くて水入らずで、ちょっとしたところにも飾りやすいのが魅力。生花とは違った美しさはうっとりもの。

キングプロテア
アザミ
アジサイ
バンクシア
ケイトウ
ピンクッション
ルナリア
ラン
アンスリウム
ヘリコニア

【 Dried fruits 】
ドライの実もの

花や葉だけではなく、実ものだってドライに。少しカサカサした質感や姿はレトロなインテリアにもぴったり。

【 Succulent plants 】
多肉植物いろいろ

サボテンを筆頭に、分厚い葉が特徴的な「多肉植物」。葉が花びらのように重なるものから奇妙なフォルムのものまでさまざま！

植物がみせるさまざまな表情は
ときに私たちを楽しませ、
和ませてくれます。
この本を手にしたみなさまの
「日々の花ごと」が
豊かなものとなりますように。

Profile

マミフラワーデザイン
スクール

1962年に創立した「日本で初めて」の本格的なフラワーデザインスクール。フラワーデザインの新しいあり方を提唱し続け、現在、国内と海外に約350の教室を開設。校長を務めるのは花文化コメンテーターでもある川崎景介。花を楽しむための初心者クラスから、プロになるための本格的なコースまで幅広いクラスがあり、趣味から仕事まで希望のスタイルに合わせた受講が可能。

「植物との触れ合いを通して、日々の暮らしを潤いのある楽しいものにできる素敵な人を育む」という開校当初に総長マミ川崎が掲げた理念は今も変わらず、自主、創造力などを生み出すフラワーデザインの楽しさを広げ続けています。

http://www.mamifds.co.jp/

著者：マミフラワーデザインスクール

〒143-0023 東京都大田区山王2-11-6　マミ会館
電話 03-3774-3986（代表）
http://www.mamifds.co.jp/

監修	川崎景介（マミフラワーデザインスクール校長／花文化コメンテーター）
作品制作	小原祐美、倉成育枝、小西智子、鶴岡晴美、中澤みづ江、濱中喜弘、日髙全子、平田智恵子、廣野徳子、矢野貴之 （マミフラワーデザインスクール講師、50音順）
撮影	小野田陽一
デザイン	吉村亮、眞柄花穂（Yoshi-des.）
編集	十川雅子
校正	片岡史恵
植物名校正	櫻井順子（Flow）

「ちょっと」からはじめる飾り方

日々の花ごと

NDC　793

2018年6月18日　発　行

著者　マミフラワーデザインスクール
発行者　小川雄一
発行所　株式会社 誠文堂新光社
〒113-0033　東京都文京区本郷3-3-11
［編集］電話 03-5800-5779
［営業］電話 03-5800-5780
http://www.seibundo-shinkosha.net/

印刷・製本　図書印刷株式会社

©2018, Mami flower design School, Inc. group.
Printed in Japan

検印省略

万一落丁、乱丁本は、お取り替えいたします。本書掲載記事の無断転用を禁じます。また、本書に掲載された記事の著作権は著者に帰属します。これらを無断で使用し、展示・販売・レンタル・講習会等を行なうことを禁じます。

本書のコピー、スキャン、デジタル化等の無断複製は、著作権法上での例外を除き、禁じられています。本書を代行業者等の第三者に依頼してスキャンやデジタル化することは、たとえ個人や家庭内での利用であっても、著作権法上認められません。

JCOPY　〈（社）出版者著作権管理機構 委託出版物〉
本書を無断で複製複写（コピー）することは、著作権法上での例外を除き、禁じられています。本書をコピーされる場合は、そのつど事前に、（社）出版者著作権管理機構（電話 03-3513-6969／FAX 03-3513-6979／e-mail:info@jcopy.or.jp）の許諾を得てください。

ISBN978-4-416-91784-8